ちょうど1年くらい前に、『いつもみてるよ。がんばってるの、しってるよ。』という本を出版しました。それは、結婚はおろか、親にもなったことのない僕が、「憧れ」と「空想」の中であがきながら、たくさんの妊婦さんの話を聞いて書いた、妊娠から出産までのママと、そしておなかの中からそのママを応援している赤ちゃんの10ヶ月間の本でした。その本を僕なりの言葉で言い換えると「キスしたことのない人が憧れだけで書いたファーストキスまでの物語」。これは一歩間違えると机上の空論になりかねない本だったのですが、実際に出版してみると、そんな僕の心配をよそに、全国のママからものすごく大きな反響があり、心のこもった温かいお手紙もたくさんもらいました。（この本の最後で、その一部を作品と共に紹介させてもらっています）これには、僕自身も本っ当に驚いたし、深く感動しました。

そんなこともあって、この作品は、出産前から赤ちゃんが守護霊的にママやパパたちをいつもそばで見つめてくれている…という、『いつもみてるよ。がんばってるの、しってるよ。』と同じスタイルをとっています。今回は、執筆するにあたって、病院を回ったり、母親学級に父親のように参加させてもらったりもして、「パパになろうとしているけれど、なかなかうまくできない旦那さんの気持ち」を体感させてもらいました。僕は「親になる」ということに、もともと強く憧れていたのですが、そのことでまた、さらに憧れが強くなり、同時に、「自分じゃ、まだパパになれそうもないな」という現実を痛感して、もう悔しくて悔しくて仕方がなくなりました。でも、おかげで、当初の予定よりも、ものすごく深い思い入れのもとに絵と詩を書くことができました。前回が「ファーストキスまでの物語」なら、今回は、やっぱりまだ結婚すらしていない僕が、妊娠・出産にとどまらず育児についてまで手を伸ばしちゃってるわけなので「童貞が書く官能小説」のようなものだと思っています（笑）。

僕がかつてから思っていた究極の本の形として、「読んだだけじゃ完成しない本」というのがあります。読みながら、自分の場合は○○だったなあ…というように思いを巡らせ、それを実際に本の中に書き込む。書き込んで初めて本が完成するといった形です。

この本はまさに、書き込むことで完成する、究極の本として作りました。パパとママの初めてのデートの場所、赤ちゃんの似顔絵、赤ちゃんが生まれた日の空の写真…。そういった要素を書き込みながら、世界にたったひとつの究極の本をあなたの手で完成させてください。その時点で、もうこの本は「僕の書いた本」ではなく、「僕とあなた、そしてあなたの家族が力を合わせて作った思い出の手帳」になります。何年も、何十年も経って、赤ちゃんが大人になって再びこの本を開くときのために、ぜひこの本を、家族全員で完成させてくださいね。

ナカムラミツル

パパとママをえらんで、
ボクはうまれてきたんだよ。

ナカムラ ミツル

もくじ

ママ

なかなか子宝に恵まれずにいたが、願いが叶って無事に赤ちゃんを出産。体が弱く、パートナーの理解なしには出産も育児も難しいと言われていたが、旦那選びが大成功したおかげで楽しい育児ライフを送ることができそうな予感（笑）。

ボク

雲の上からパパとママを見つけ、ふたりを選んで生まれてきた赤ちゃん。ママは人より体が弱くて子どもを授かりづらいので、その分ボクにも大きな負担がかかってしまった。それでも自ら望んでママの元へ舞い降りてきた心優しい男の子。

パパ

前作では、一切登場させてもらえなかった哀しい存在（笑）。しかし今回は一転、念願叶って登場できたばかりか主役に大抜擢。育児をしたい気持ちはあるけど何から始めたらいいのかわからずに戸惑っている、若葉マークのパパ。

グリ子

パパがミソを買ってきた日、偶然ミソのポケットの中に落ちてきたドングリの女の子。フルネームはドン・グリ子。好きな食べ物はやっぱりキャラメル。実はちょいエロ。かなりちょいエロ。

部長

普段は無口で厳しい人間だが、妊娠や出産、育児のことになると途端に気性が激しくなり必死になる、変わった人。バツイチらしいが、それ以外の過去は誰にもわからない。会社での評判はよく、人望も厚い。

ミソ（三十）

「三十」と書いて「ミソ」と読む。ママから妊娠の報告を受けた日、パパが会社帰りに買ってきたテディベア。「三十」という字が漢字の「汁」に見えることから、ミソ汁呼ばわりされてしまうこともしばしば。でも、臭くないし、むしろなかなかのいい香り。

ママだけの宝物

人生には、ちゃんと準備したアクションが必要なときもあるけれど、とっさに出る素の反応《リアクション》が、何よりも相手を力付けることもあると思うんです。だから、もしかしたら興奮のあまり息切れしたり、鼻水が出たりして、外見的にはかなり残念な顔《コト》になってしまうかもしれないけれど、旦那さんは照れくさくても喜びを隠すことなく表現してほしいと思います（笑）。それがきっとママの中で一生分の宝物になって、新しい命を生んで育てていく力に変わるはずだから。

あの時の、私が妊娠を報告した時の
あなたの喜ぶ顔が私を強くしてくれた。
そして今も私をはげましてくれる。

私ね？
あの瞬間《とき》に
思ったんだよ？

「この人を選んで本当に良かった…。」
…て（笑）。

ハー
ハー
なんかボク悪酔いしたサラリーマンみたいになってない？
ハー
プレゼント用のリボン（完全にまく場所まちがってる）
あ゛〜り〜が〜ど〜
うれじいよ〜〜ぅぅ。
ピトッ
にんしんのしらせをきいて超特急で帰ってきた。

byママ

違う道で同じ場所へ。

妊娠して、つわりがあって、おなかが大きくなって、赤ちゃんを生んで…。そうやって目に見えて変化を遂げていくのは、圧倒的に女の人の方だと思います。たとえばそんなふうにして、女の人が妊娠してから10ヶ月ちょっとで出産を迎えるまでを「エスカレーターに乗っている状態」だと仮定したら、男の人が同じ場所へちゃんと辿り着くためには「階段を上《のぼ》るような意識」が必要だと思うんです。男の人は、意識して足を運ばなければ上がっていけない。上がらないでいることもできるけど、上がらないと、旦那や夫のまま、いつまでも「パパ」にはなれない。ぼーっとしていて気付いたら女の人に置いてけぼりにされていた…なんてことがないように、努力しないとダメだと思うんです。だって、エスカレーターに乗っているとはいえ、大変なのは絶対に女性の方なのだから。

「彼女」になって「奥さん」になって
「ママ」になって…。呼び方が
かわるたびにキミは
成長してゆく…。
それに負けないように
オレも名前だけじゃ
なくって中身もパパに
なんなきゃな…。
いつまでも「アナタ」の
ままじゃ子育てなんか
できっこないから…。

by パパ

曲げるのではなく変えるということ

酒を飲んでも、タバコを吸っても怒られないっていうような、大人になってから得た権利というものを、自分でもう1回「今のオレにはジャマだ」って止《や》めるのはとても勇気のいることだし、大変なことですよね…。だけど、大切な何かのために「自分」や「自分の楽しみ」を犠牲にする姿は、たとえば周りの人たちに「付き合い悪くなった」とか「信念曲げちゃったな」なんて言われることがあったとしても、僕は男としてものすごくかっこいい姿だと思います。だって、「信念」ってのは、社会に順応するために持つものではなくて、自分がひとりの男として、間違わないために持つものだから…。「自分を変えること」と「信念を曲げること」はむしろ対極にあるんじゃないか…と、僕は思います。

パパがんばって！

自分をかえるのと
自分をまげるのは
にてるようで
ぜんぜんちがう。
自分のためじゃない
誰かのためにする
がマンは
もうそれだけで
カッコイイ。

by 部長

「楽しい」という栄養

妊娠中って、「無理なこと」や「我慢しなくてはいけないこと」が本当に多い時期だと思います。でも、そんな中、旦那さんと景色の綺麗な場所に出かけたり、たとえば遠出は出来なくても一緒にゆっくりと楽しい時間をすごすことは出来る。近所の公園でも、いつもの部屋の中でも、どこでも…。

おなかの中の赤ちゃんは、ママの見たもの聞いたもの触ったもの、そのすべてを感じ取っていると思います。ママが我慢をしすぎて鬱憤《うっぷん》をためすぎてると、それが伝わっちゃって、赤ちゃんだってきっと苦しい。だから僕は「妊娠中だけど、遊んじゃおう」ではなくて、むしろ、「妊娠中だからこそ、今までより積極的に楽しんじゃおう！」って考えて時間をすごしてほしいと思っています。出会ったばかりの頃を思い出して、初めてのデートの場所ですごすなんていうのもいいんじゃないでしょうか…。

ママがたのしいとボクも
たのしいよ。なんかね、
「たのしい」ってきもちが
はいってくるんだぁ
ボクの中に。
おなかの中
からきいた
音、みたもの。
ぜんぶぜ〜んぶ
おぼえてるよ。
だからたくさん
デートしてね？
ボクのために（笑）
byボク
ポイント
弁当
ふたりの初めてのデート、思い出のデートの場所をここに、かきこんでね。（日付けがわかればそれもかいて〜♡）

ママのおなかはボクのおでこ

僕も何度か妊娠中の人のおなかをなでさせてもらったことがあるんですけど、想像よりもパンパンに張ってて硬くてビックリしました。わあ、これは大変だって思って…。そういった驚きの気持ちも含めて、旦那さんは奥さんのおなかをどんどんなでたほうがいいと思うんですよ。

ママのおなかにあたるところが赤ちゃんのおでこ。だからきっとおなかをなでてもらうことによってお母さんは嬉しいし、赤ちゃんも「あ、てがかわった。おとうさんだ。おとうさんのて、おっきくて、きもちいいなあ」って、おなかの中から思ってるはずですから。

ママのおなかは、
ボクの
おでこ。
パパの
おっきい手《あい》
ちゃんと
ボクにも
届いてるよ♥

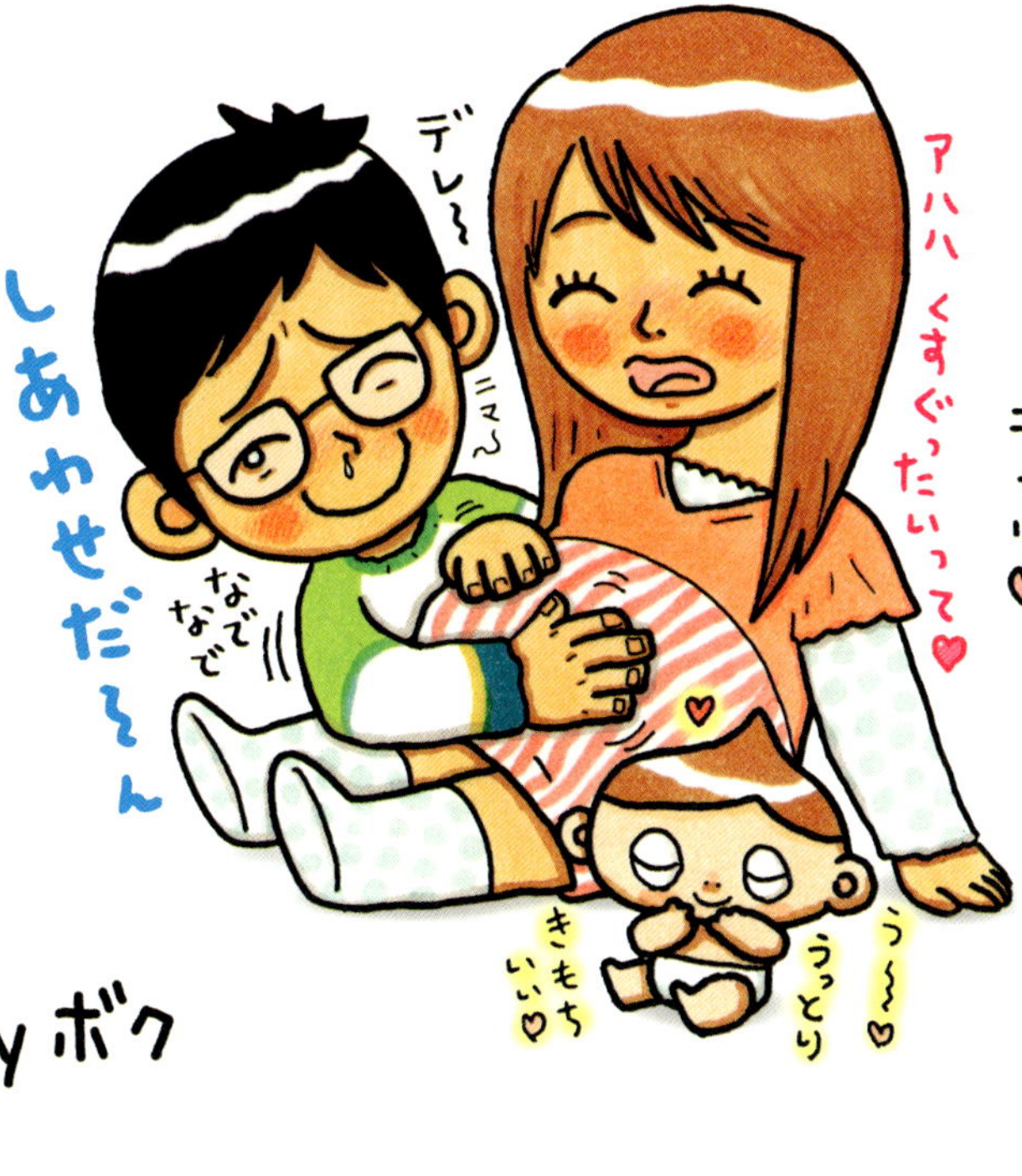

by ボク

短所という個性・個性という長所。

たとえ人と違っても、たとえ人より劣っていても、捉え方によって、それはきっと、長所に変えられる。

「短所」を「個性」に、「個性」を「長所」に育んでいくことができるのは、きっとほかの誰でもなく、ママであり、パパなんです。

赤ちゃんのこと、何ひとつ、あきらめないでくださいね。

できないことが
あっても
いいんだよ?、
そのできない
ことのかずを
「かのうせい」って
よぶんだから。

byパパ&ママ

愛のお守り

「ラブレター」＝「告白する手紙」と思い込んでいる人は多いけど、僕は心のこもった手書きのメッセージは全部「ラブレター」だと思っています。

僕の場合は、幼い頃の僕が写った写真の裏にメモみたいな感じで「58年2月 雪の朝」と書いてくれた父ちゃんの手書きの文字と、僕が大人になってからばあちゃんがくれたお年玉袋のメッセージ。父ちゃんの手書きの文字ってほとんど残ってないから、僕にとってはその8文字が宝物なんです。ばあちゃんのお年玉袋も、手紙っていうものではないけど、いまだに嬉しくて財布に入れて持ち歩いてます。

手書きの文字は、ペンを握った手からインクを通ってその一画一画に気持ちが表れるし、その人が実際にこの紙に書いてくれたんだよなぁ…って思えて嬉しくなる。だから、パパには妊娠中のママに、ぜひ手書きで手紙を書いてほしいです。「大変だと思うけど、心はいつも一緒だからね」といった感じで。ママは一緒にいれない時間や不安なときに、それをお守りみたいにして持ち歩いて、そして何度も読み返すと思うんですよ。そうすればきっと、ひとりで寂しい時間も乗り越えていけるはずです。だって僕もそうだったから。

告白の手紙だけがラブレターじゃない。
愛をこめてかく手紙の
ことをラブレターと
よぶんだよ。だから
今こそ、めいっぱいの
愛をこめて
ラブレターを
かこう!!
出産前で不安な
ママのために。
その手紙がきっと
お守りになるから。
そしてそれ以上の安産祈願の
お守りはゼッタイにないから。

背景？のっけからおもっきり字…まちがえてない？？
ポン
がんばれよっ
下手クソなラブレターの方が想いが伝わる。下手クソな似顔絵の方が、もらった人を笑顔にする。上手にかこうと、しなくていいんだよ。

by ミソ

パパにしか出来ないこと

パパとママが別々の場所にいても同じ気持ちで出産を迎えるために、パパがその日の空の写真を撮ることを、僕はオススメします。赤ちゃんが生まれた瞬間の空を撮ることって、どうやったってママにはできないことですよね？　妊娠や出産はママに与えられた特権ですから、それ以外でパパにしかできないことが、ほんのひとつやふたつでもあるんだったら、それは必ずぜんぶやってほしいし、絶対にやるべきだ…と僕は思います。厳密に言うと、ママ以外、誰だって写真は撮れると思うんです。けれど、ここで赤ちゃんにとって最も大切なのは、「その写真をパパが撮ってくれた」ということだと僕は思うから…。

もしも出産に立ち会え
なくても、その日の空の
写真をとることは
できる。ママを不安に
させないように
ケイタイをつないで
おくことはできる。
「こどもが生まれるんで
マナーモードはオフです」
っていってるパパは
きっとカッコイイと思う

byグリコ

ここに、赤ちゃんが生まれた日の空の写真を、
できれば、パパが撮って、貼っちゃいましょう(笑)。

ここに、赤ちゃんの写真を貼っちゃいましょう。

ほんとうの「あいしてる」

それまではきっと、「好き」や「大好き」って言葉といったい何が違うんだろうと思いながら言っていたかもしれないけれど、自分の赤ちゃんとその横にいる奥さんを見た瞬間、とたんにその気持ちが現実味を帯びて、心の底から「愛してる」、「愛おしい」って言えるんだろうなあ…と思うんです。そのときに旦那さんに初めてパパとしての自覚みたいなものが生まれるんじゃないかな…。残念ながら僕にはまだ経験がないけど、きっとそうなんじゃないかなと思うし、そうなりたいです！　僕も（笑）。

「好き」ってことばじゃ
足りないくらい…
そう思った。
こうゆうきもちの
ことを きっと
「あいしてる」
っていうのかな？
どんなことが
あってもおまえたち
だけは守るって、そう思ったんだ。

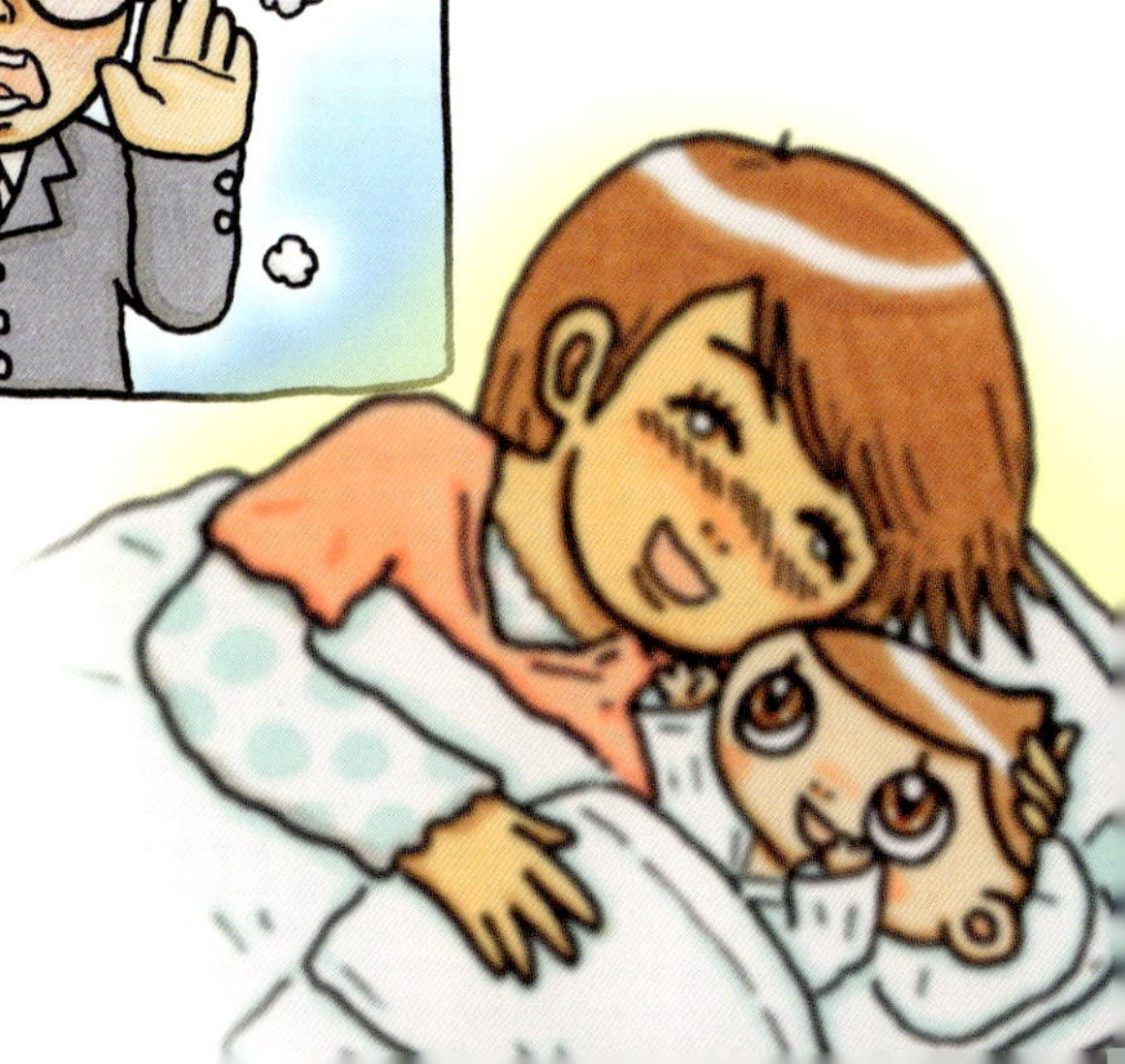

by パパ

命の重さ

初めて赤ちゃんを抱っこするときって、想像よりもきっと重いんでしょうね。そしてデリケートなものだから「落としたらどうしよう」とか思ったりもするんでしょうね。でも、ママはそんな「壊れてしまうかもしれない大切なもの」を10ヶ月間もおなかの中で大切に大切に育んできたわけじゃないですか。だから抱っこしてみて初めてママの大変さを実感するだろうし、これから自分の出来ることを、どんどんやっていこうっていう感謝の気持ちが生まれると思います。赤ちゃんが生まれたら、パパにはなるべく早く抱っこしてあげてほしい。赤ちゃんも、ママにはずっとおなかの中で抱きしめてもらってたから、今度はパパにも「はやくだっこしてほしいな」って思ってるはずだから。

だっこしてはじめて、
ママの大変さがわかる。
だっこしてはじめて、
命の重さがわかる。
だっこしてはじめて
ママの10ヵ月の
重さがわかる。
だっこしてはじめて
ママの苦労の
何分の1かを味わう。
だっこしてはじめて。

by パパ

にばんめのプレゼント

小さい頃に変なあだ名をつけられてしまったり、理想の名前とかけ離れたりしているることが理由で、自分の名前を嫌いになった人もいると思うんですけど、自分の父親や母親が「この子が一生背負っていくんだ」って、すごく真剣に悩んでつけてくれたんだって考えると、どんな名前でも愛おしくなりますよね。

そんなふうにしてつけた名前を、できればみんなで書いて残してほしいんです。まだちっちゃいお兄ちゃんのへたくそな字や、少しプルプル震えたおじいちゃんの字なんかも含めて（笑）。10年後、20年後にそれを見たら「あぁ、父ちゃんがオレの名前書いてくれてたんだ…すんげぇいびつな形してるけど（笑）」なんて、あらためて深い愛を実感して、自分の名前のことをさらに好きになれるはずだから。

「こんな人になってほしい」という
願いをこめて二人が考える
のが名前なんだ。簡単に
つけられた名前なんて
どこにもない。
親がいちばんはじめに
こどもにおくるものが
たんじょうびや命なら、
にばんめにプレゼントする
ものはきっと、名前なん
だと思う。つける側
になってはじめて
自分の名前のことが
本当に好きになりました。
by パパ

家族みんなで赤ちゃんの名前を書いてね。

みんながかいてくれたボクの名前

結婚の力

高1のときに亡くなった僕の父ちゃんは、何よりもコーヒーが大好きな人でした。でも僕は昔、コーヒーが飲めなかったんですよ。大人になってようやく飲めるようになったけど、そのころにはもう、父ちゃんはいなくて…。だから、一緒にコーヒーを飲むという夢は叶えられないんだな…って悲しくなったことがありました。だけど、もし僕が結婚して、奥さんのお父さんと一緒にすごすことができたら、そうしたらそのときに「父親と一緒にコーヒーを飲む」って夢が叶うかもしれないな…って気付いたんです。結婚ってすごいです。だって、一度は叶わないって思った夢が、結婚することによって、やっぱり叶うかもしれないんですから。

何もしなければ家族は必ずへる。
けれど出産は新しい命を
生んでくれるだけじゃ
なく、もともとある
別々の家族を
ひとつにくっつけて
くれる。おっきい
いっこにしてくれる。
「もう叶わない」と
あきらめていた夢を
ママと君が叶えてくれた。

by パパ

仕事をする　その理由

何かのために働いているのに、一生懸命に取り組んでいるうちに、いつのまにか「何のためか」というところが抜け落ちてしまうことってありませんか？

たとえば、ある人にとっては「家族」のための「仕事」なのに、夢中になるあまり、ときとして「仕事」のために「家族」を犠牲にしてしまう…。それじゃ本末転倒なのに…。

「家族」も「仕事」も本当は、比べたり競い合ったりするものではなく、両方が両方を補い合って意味を生み合って存在している。だから、お互いが打ち消し合うことにならないように、意識的に「何のためなのか」っていう問いかけを、僕もよく、してみてます。「仕事のための仕事」なのか、「それ以外の大切な何かのための仕事」なのか。

何のための
仕事、
なのか。
それだけは、
忘れちゃ
いかん。

子供が熱!?バカモンッ!!そんな時に会社なんか来てどうするつもりだっ!!
休めっ!今すぐ帰れっ!!
ドンッ
ひぃっ
赤鬼が出たっ

by 赤鬼（部長）

男の仕事

男性には男性の得意なこと。女性には女性の得意なことってあるじゃないですか。なんだかんだ言っても男性が絶対的に得意なことのひとつに「力が強い」ってのがあると思うんですよね。たとえば料理や裁縫みたいな細かいことが全然出来ないんだったら、なおさらに、重いものを持ったり、高いところに手を伸ばしたりして、自分の優れているところを使うことは当然だと思うんです。僕にとっては、そこだけはしっかりがんばろうって思う「一番最低限のやさしさ」…つまりは、行動のベースなんです。

重いものを持つのが男の仕事。
母《ママ》の負担を軽くすんのが父《パパ》の仕事。

わたしがおもいってコト？☆
まっ
まっさかあ
アハアハハ…

by パパ

まほうのことば

アンケートの回答の中で、意外だなって驚いて、そしてとても感動した答えがありました。それは、「出産後、言われて一番嬉しかった言葉は?」という質問に、ある奥さんが「赤ちゃんがパパ似だと言われたこと」と書いていたことです。ママにとっては、赤ちゃんは自分が生んだんだから、自分に似ていて当然じゃないですか。でも、「パパ似だね」と言われたときに、自分に似てるって言われるよりももっと「嬉しい」って思えるって、なんかものすごく素敵だな、夫婦が愛し合っている証拠だな…って思ったんです。ちなみに、もし僕が奥さんだったとしても、自分よりもパパ似って言われるほうがきっと嬉しいと思います。だから身近な人に子どもが生まれたときには「パパ似だね~」ってひとこと言ってあげて、奥さんを喜ばせてあげてください。そのたびに、ママは「ああ、この子は愛する人との結晶なんだ」ってことを、あらためて認識すると思うから。

「パパ似だね」は
さいこうの
ほめことば。
パパほめてんのに、
ママがよろこぶ。
まほうの
ことば♥

byママ

その時間を愛と呼ぼう

男って不器用だったり、照れ屋だったりして愛情を伝えるのが下手な生き物なので、ともすると、女性を喜ばせるときに、お金を物に換えてあげることくらいしか思いつかないかもしれません。それはきっと見えないものに頼りたくないという誠実さの表れなんだろうと思います。だけど、不器用でも、照れ屋でも、ちょっとの意識で出来るようになることはいくらでもあると思うんです。

お金をかけない代わりに時間をかけよう。がんばってるママの似顔絵を描こう。感謝の気持ちを込めて手紙を書こう。絵や言葉は、自分にしか用意できない愛の結晶です。下手でもいい。短くてもいい。そこで残るものは上手、下手ではなく、書（描）いたという時間だから。その時間のことをきっと愛と呼ぶのだから。

顔ってほんとに変わんだな…って
心からそう思ったよ。だって
子供にあんなやさしい
表情《かお》すんだもん…。
惚れなおした…つうか
もう一回ひとめ惚れした(笑)
byパパ
↑ここにママのにがおえをかこう♡
…。
わあ…キレイ…

知っているから

一緒にいる以外の時間すらも愛情表現の時間。いや、むしろ、一緒にいる以外の時間こそが愛情表現の時間なのかもしれません。

正面から見るあなたも好きだけど、
それと同じくらい、そのがんばってる
背中が大好きです。
だって私は
知ってる
から…。
あなたがなかなかお家に
帰ってこれないその理由を
だって私たちは知ってるから。

by ママ

涙の理由

赤ちゃんもそうだし、ママもそうだし、泣くということにはきっと理由があると思うんです。目にゴミが入ったら泣かないと取れない。それを無理やりこすっても目を傷つけるだけ。そういうときは自分の体に任せて、涙を流してしまえばゴミが取れる。それとまったく同じで、苦しいときとか、悲しいときとかっていうのは、我慢して、それを変に溜めて腐らせていくよりも、そのときそのときの体と心にゆだねて、どんどん泣いてもいいと思う。溜めちゃうとどんな些細《ささい》なことでも毒になったりするから。たまにはグチっていいし、弱いとこ見せても全然いいんだよ。

目にゴミが入ったら
自然と涙が出るね。
ゴミを出して目を
守るために。
だからもう、
泣くのはもう、
ガマンしなくて
いいんだよ？
キミの心を、守るために…。

by パパ

子育てというかけ算

2人3脚なんでしょうね、子育てって。母親だけ努力しても、パートナーの父親がそこに付いていってなかったら先に進まないっていうか。前にテレビで小学生の30人31脚競争を見ていたんですが、これって誰かひとりだけ早くてもダメなんですよね。1位になったチームってスピードは全然速くないんですよ。でも30人の足並みと息が他のチームよりも一番ピッタリ合ってた。だからスピードを出すことが大事なわけじゃないんですよね、きっと。みんなでタイミングを合わせて、心をひとつにして進むことで、より成果が生まれるというか。がんばらないのもよくないけど、どっちかががんばりすぎたりすることも逆によくない。相手を見て、一緒に「せ〜の」ってタイミングを合わせてやることが何よりも効率よく進むヒントなんだっていうことを忘れてほしくないと思います。急ごう急ごうとしている人のほうが多いから、そうじゃないんだよってことをあえて知っておいてもらいたいです。

子育ては
かけ算だ。
どんなに
ママだけ
がんばっても
パパが
ゼロなら
意味がない。

by ミソ

幸せとは

修学旅行や遠足の前に、リュックにお菓子を詰めるときって、なんだかすごくワクワクしませんでしたか？　お菓子を食べてるわけでもないのに、実際には美味しくもなんともないのに、もしかしてその過程が一番幸せなのかもしれない。だから、準備のいらない幸せなんてないんじゃないかな…と思います。仮に準備しなくても幸せに感じる出来事に出会えたとしても、それはちゃんと準備していればもっと大きな幸せに育つものだったんじゃないかな。単純に、おやつを準備し忘れた遠足を想像したら、楽しみが半分以下のような気さえしますもん…あ、僕だけかな？（笑）

幸せになる
ためには、
じゅんびが必要
だと思う。
そしてその、
じゅんびこそが…
「幸せ」
そのもの。

byママ

キミのためにできること

会社勤めをしている旦那さんって、ママに比べたらきっと、圧倒的に赤ちゃんの顔を見る時間が少ないと思うんです。だから例えば帰りが遅い日には、1回目の夜泣きのケアだけでも旦那さんがやったりするといいんじゃないかな。子どもの寝顔を見るだけで「あ、成長してきた」って実感するかもしれないし。

そしてぜひ、いろいろな赤ちゃんの顔をパパとママの手で残してほしいです。たとえ下手でも、似てなくても。写真ではなくて、やっぱりそこは手描きで。僕は持っていないけれど、もしも父ちゃんや母ちゃんが幼い頃の僕を描いてくれた似顔絵が残っていたとしたら、それ以上の宝物なんてないんじゃないかな？　ってくらいの大切な宝物になったと思うから…。

土日だけなんてもったいない。ママだけに
毎日わが子の成長をみせるなんてもったいない
一日一回顔をみよう。一日一回だけでいいから
夜泣きのケアをしよう。わが子の成長を
楽しむ為に、自分の…為に♥

↑ココに
赤ちゃんの
にがおえを
かこう♥
ニタ〜〜♥
スヤ スヤ

by パパ

タオルケット

「期待」って小さすぎても大きすぎても相手の才能や夢を殺してしまうものだと思います。パパやママが子どもにかけてあげるのは、重すぎず、軽すぎないタオルケットのようなものであるべきで、それをかけてあげるタイミングも同じくらい大切。「道しるべを作ってあげること」と、「でこぼこの道を平たんにならしてあげること」って、きっと大きく違うんですよね。前者が、知識や知恵や常識を教えてあげることだとしたら、後者は、夢を押し付けることだから。地図を持たせてあげたらあとは、その子が自分の足で歩くのを見守るしかない。もどかしく感じようと、心配でハラハラしようと、やっぱりそうだと思うんです。

過度な期待やプレッシャーが、きみの
自由をうばうなら、そんなものは
かけたくない。
夏に毛布が
必要ないように
きみがほしがる
時にだけ、かけて
あげればそれでいい。
夢をたくす大きさや重さは
おなかにそっとかけてあげる
タオルケットくらいがちょうどいい。

by
パパとママ

立派なお仕事

もし、たとえ会社を休んでいても、今までやっていた家事を充分にこなせないときがあったとしても、あなたが今、一番大切なもののために全力を尽くしているならば、それ以上に重要な仕事なんて他にあるものか…と、僕は思います。

「病気で仕事が出来ない人も
ニートですか？」と、たずね
られたので、こう応えた。
「今は病気《それ》を治すのが
仕事でしょ？だったら
全然ニートじゃないよ。
立派に仕事してるじゃん」
と。「何もしてない」と
焦る必要は全くないよ。
だって病気を治すのは
立派なお仕事なんだから。

by部長

一歩一歩

何ごとにおいても、「いっぺんに全部をやろうとしたら必ず失敗する」というのが僕の持論です。たとえば植物を育てているとき。1日1回ちょっとずつ水をあげるべきところを、1か月に1回、まとめてたくさん水をあげてしまったら、花はみるみる枯れてしまう。薬を飲むときもそう。1日3回飲まなくちゃいけないのに、3回分をいっぺんに飲んだら確実に健康を害してしまいますよね？子育てだってきっと同じだと思うんですよ。少しずつ少しずつ思いを注いで、長い時間かけてコツコツと育んでいくことが大切なんだと思います。ゆっくり歩く以上に速く進む方法はないと思うし、遠回りする以上の近道もないはずだと、僕は思います。

地味とか地道って
言葉は、バカに
されやすいけれど
でも本当は、いい
言葉なんだよ。
だって土なしに
草や花、そして
実は、絶対に
育たないんだから。

そして
おひさまが
パパとママの
愛だよ♥

byグリコ

キミに望むこと

子どもにどんな願いを託すのか、この子とどんなことをやりたいのかっていうのを考え始めると、最初は「プロ野球選手になってほしい」なんて大それたことを思うんだろうけれど、そのうち「いや、そんなことどうでもいいよなぁ」って、少しずつ贅肉がそぎ落とされてきて、最後には「元気に生まれてきてくれたらそれでいい」「やさしく育ってくれたら何もいらない」なんていう、すごくあたりまえのことに行き着くと思うんです。

親は子どもに何かを望むんじゃなくて、子どもがその子らしく生きてくれるようにサポートすることしかできないのかなって思います。親が先回りして道を作ってあげるのは、一見、愛情のように見えますが、実は違うんじゃないでしょうか。

「えらくならなくていい、
すごくならなくていい、
心のやさしい人にさえ
なってくれたら
それでいい」
わが子に、どんな
大人になってほしいか
心から考える日々が
「旦那」を「パパ」にかえてゆく。

byママ

本当の美しさ

大切なものを守るために必死に頑張ろうって思う気持ちが、「キレイでいなくちゃ」っていう気持ちを追いこしたとき、女の人はもっと綺麗になると思います。それは「勲章」であって、お金をかけて着飾るよりも何十倍も尊い「本当の美しさ」だと思うんです。なりふりかまわずがんばっていたら、格好なんてかまってらんないときだってありますよね？　僕は…そうです（笑）。

あれた両手は
がんばったしるし。

キレイなままの
手なんかより
あれたママの
手の方が

ずっとずぅ〜〜っと、
キレイだよ♡

by パパ

いっもいっもありがとう

中学校の頃、僕は、母ちゃんが作ってくれた弁当にキライなものが入ってたりすると、残したり、ひどいときには、食べたふりをして捨てたりしていました。あの頃は母ちゃんが出勤前に、かなり朝早く起きて弁当を作ってくれていることを「当たり前」と思っていたんです。でも大人になって、それがどんなに大変でありがたいことだったか、ようやく分かるようになって、相当な自己嫌悪に陥りました。もし自分が一生懸命作った料理を捨てられてたらと思うと、すごくショックだな…、なんてひどいことをしてたんだろうって…。もしもそれと似たようなことが夫婦の間でも起きていたら、それは同じくらい哀しいし、あってはならないことだと思ったので、この作品を書きました。もしかしたら旦那さんの中にも「妻が家事するの、当たり前じゃん」って思ってる人がいるかもしれません。でも、旦那さんも奥さんに「あなたが働くのは当たり前じゃない」って言われたら悲しいですよね？　自分の役割が大変だったら大変なほど、相手の大変さも忘れないようにしないと、そこにあった幸せは、逃げてしまうはずだから。いつも感謝の気持ちだけは絶対に忘れないでいてほしいです。

家事や育児をするのは
当り前と言うのは、
「働くのは当り前」と言うのと
全く同じ。パパだって
外で働くことに感謝
されなかったら
働く気も冷める筈。
家事や育児をして
くれるのは、ママがパパや
赤ちゃんを愛してる
から。だから感謝される
喜びを、ちゃんとママにも
味わってもらおう。

う〜ん… ○○子〜 いつもいつも ありがとなぁ…
ムニャムニャ
バカ…

by パパ

伝えられないもどかしさ

相手が何を言っているか聞き取れない側の人よりも、言いたいことをうまく相手に伝えられない側の人のほうが絶対に苦しいと思うんです。たとえば、何か悪いことをして「ごめんなさい」って思っているのに、涙に詰まって言葉が出ないとき。相手に何も伝えられないことで、もっと「ごめんなさい」って気持ちが重なって苦しくなると思います。わかろうとするほうもつらいだろうけど、伝えることができないほうの、どうしようもなく切羽詰まった状態っていうのは、想像しただけでもゾッとします。だから、ママやパパには、まだ言葉を話せない子どもが何を求めてるのかわかんないってイライラするんじゃなくて、それ以上に「伝えたいことを伝えられない不安や寂しさを今、赤ちゃんが味わっているんだ」ってことを感じ取ってほしいんです。そうするともっと優しい気持ちになれるはずだから。

おなかすいたときも
かなしくてもいたくても
さみしくてもどんなときも
ぼくはおなじように、ただ
なくことしかできないね。
ママごめんね…。
わかんないよね。
めいわくばっか
かけて…
ママごめんなさい。

by
ボク

ヴァ〜〜ン…
(ナイターより火サスが見たい〜〜ぷぷ)
あたふた
オロオロ
ジタバタ
ジタバタ
片平なぎさ萌え〜〜。
んなっわかるかいっ!!

愛の結晶

子どもはやっぱり夫婦ふたりの「愛の結晶」なんだと思います。どれだけがんばっても、ひとりじゃ赤ちゃんは作れない。赤ちゃんもきっと、そのパパとママだったから、生まれてきてくれたんだと思います。だから、これから先もずっとずっと、旦那さんや奥さんに出会えたこと、そして生まれてきてくれた赤ちゃんに感謝をしてほしいし、その奇跡の大切さを忘れないでほしいです。

ただ子供がほしかったん
じゃなくて
あなたとの子供が
ほしかったんだ
ということを
忘れなければ
これから先、
どんなことがあっても
きっとのりこえられる。

byママ

ずっと未来のキミのために

僕も以前は「別に長生きなんて目標じゃねえし」なんてかっこつけてたけど、今では「いつ死んでもいい」っていうのは、守るべきものがない人の言うことだと思います。もしも自分が死んだあと、子どもが「あ〜ぁ…お父さんと、あれしたかったなぁ」って1回でも思うなら、それは自分が子どもの夢を奪ってしまったことになるのだから…。

僕の父ちゃんは早く死んじゃったんで、その点では僕は父ちゃんのこと、嫌いなんです。ほかの部分ではあんなに大好きなのに。前のページにも書いたけど、僕が大人になって、父ちゃんの好きだったコーヒーを一緒に飲めるようになる夢、未だに見たりしますもん。家族にとっては、たとえ社会で大した活躍をしていなくても元気でいることのほうが、名誉の死を遂げるよりもずっといい。だから「長生きなんて興味ない」って言うのはやっぱりかっこわるい。「おれ、長生きしたくてしょうがねぇんだよな」って言ってるほうが断然かっこいいと僕は思います。

パパやママは元気でなきゃ
いけない。健康で
なきゃいけない。
子供《キミ》のために。
10年後のキミのために。
20年後のキミのために。
これからの全部のキミのために。
目標や夢はキミが作ってくれる
キミといつかやりたいことが
夫婦《ボクら》の人生に責任感を生んでくれる。

by
パパ

じまんのりょうしん

実際にうちの父ちゃんと母ちゃんも、いつまでたっても相当ラブラブで、僕が思春期になっても毎日一緒に風呂に入ってました（笑）。僕の結婚願望が強いところや、もし自分に子どもができたらって想像しただけで泣けてきちゃったりするところは、きっと父ちゃんと母ちゃんのその姿が、脳裏に焼き付けられてるからだと思うんですよね。特別何かをするわけじゃなくて、やきもち焼いちゃうくらい、すごいイチャイチャしてラブラブして幸せな姿を見せ付けるのって、「野球選手になりたい」とかの「職業的な夢」以外に、「いいパパになりたい」「素敵なママになりたい」なんていう「人間的な夢」を子どもに与えてくれる、すごく大切なことだと、僕は思うんです。

子供の夢が「パパ」や「ママ」
「およめさん」になるように。
自慢の夫婦を、赤ちゃんに
見せつけてやろう
子供の前で
イチャイチャしたり
ラブラブする事って
いい教育であり、
いい子育てなんだ。

by バカップル

むずかしくていいんだよ

きっと、何に関しても「むずかしい」って思えない人ってダメだと思います。スポーツでもそうだけど、勝てないときには、いろんなことをいじったり、試したりして、試行錯誤するわけじゃないですか。でもその後に、勝利が待っている。それと同じで、出来ないことにぶつかって何とかしようと思ったときに、人はどんどん成長していくと思うんです。だから、調子が悪いときには「もうダメだ…」って思うんじゃなくて、逆に「むずかしいって感じる今こそが、成長するチャンスなんだ」って思えば、そのむずかしさも肯定できると思います。投げ出してしまいたくなったときは、もうちょっとそのむずかしさと向き合ってみてください。「あれ、なんとなくわかってきたかもしれない」と思ったときには、もうあと一歩のところまできているはずだから。

「むずかしい」と
思っている人だけが
成長できるのかも
しれない。
だって、「かんたん」って
思ってる人は
きっと、今以上
なんて求め
たりしない
ハズだから。

by ミリ

愛してる

大切な人が自分だけに弱さを見せてくれるのって光栄なことだと僕は思います。
それに気付いたら、相手の情けないところも、かっこわるいところも、むしろ
愛おしくなっちゃいませんか？「好き」っていう気持ちよりも「愛してる」って
気持ちのほうが尊い理由は、そんなところにあるんじゃないかな…と思います。

ボクの前ではもう
がマンなんかしなくて
いいんだよ?
だってボクは
気がついたんだ。
強いキミも
好きだけど、
弱いキミを
愛してるって。

byパパ

パパへ

赤ちゃんは、ママのおなかから生まれてくるし、パパよりもママの手によって、おむつを替えてもらったりご飯を食べさせてもらったりすることが多いと思うんです。だから、赤ちゃんがママのことを自分の親だとわかるのは当然なのかもしれません。けれど赤ちゃんは、パパのことも、自分にとって特別な存在であると、ちゃんと知っていると思うんです。なぜなら、パパがママのことを世界で一番やさしい目で見ているから。ママが同じ人でも、もし、そのママを見つめている人が別の人だったら、ボクはきっとボクではなく、別の誰かになっていたはず。

「パパがちがうだれかでも、ママがちがうだれかでも、ボクはここにいなかった」

「パパがパパで、ママがママで、ほんとうによかった」

と、思っているのかもしれません。だから、赤ちゃんは、パパがママと出会って、そしてママをえらんでくれたから自分がここにいるんだ…ということをわかった上で、繰り返し「ありがとう」って言っているんだろうなと思います。

もしあなたが、生まれて来た赤ちゃんのことを心から愛しているのなら、それと同じくらい、愛してあげてくださいね。あなたがあなたであるということを。

パパへ、
ママのこと
えらんで
くれて
ありがとう。

グシャグシャ
あ〜♡
本人的にはあたまをなでなでして、ほめてあげてるつもり。
?
ん?、くさかった?、

by ボク

2/2《フーフ》

夫婦間の負担を簡単に数字に置き換えてみると、仕事が1、家事が1、そして育児の1が加わって全部で3。

たいがい、ママは妊娠したり出産したりすることをきっかけに一気にいままでの2倍がんばろうとしがちだけど、たかだか10ヶ月とか1年とかで、一気に2倍の重さのものを持てるようになろうとしても無理なんですよ。だから、パパとママ、それぞれが1.5ずつ持って、ふたり合わせて3がいいと思います。もし「子育てはママの仕事」と決め込んで、ママの負担だけが2になるのでは計算が合わなくなって、すべてのバランスが崩れてしまうと思うんです。希望はやっぱり、1.5ずつ。

ひとりで一人前にならなくていい。
夫婦《ふたり》で一人前になればいい。

きびしいやさしさ

やさしくするのと甘やかすのは、全く違うと思います。子育てにおいて「甘やかす」って行為は、手抜きだと僕は思っています。

ちょっと前に、こんな言葉を書きました。

勝つ事でしか学べない事がある。
負ける事でしか学べない事がある。
それさえ知っていれば勝っても負けても人は、必ず成長出来る。

チャレンジさせなければ、勝つことも負けることも経験させてあげられません。
もし僕に子どもが生まれたら、子どものために心を鬼にしてきびしくしようと思います。めいっぱいのやさしさをこめて…。

ごめんね。手をかすのは
簡単だけど、ひとりで
やってごらん。
だってホラ
キミならきっと
できるから。
大丈夫。パパとママが
めいっぱい手を広げて
待ってるから。
キミが失敗
してもいいように。

byパパとママ

家訓

テレビを見てたら家訓についての話題が出ていたので、母ちゃんにうちの家訓を聞いてみたら、「家訓じゃないけど、**情けは人のためならず**っていうのをばあちゃんと父ちゃんがいつも実践してたから、それを改めて家訓に設定しようか」って言ってくれました。**情けは人のためならず**って誤解してる人もいるけど、情けは人のためじゃなく、自分のためになることなんだよっていう意味だから、すごくいい家訓だなって思いました。僕も日常で腹が立つこともたくさんあるんですが、だからといって同じように他の人にも嫌な思いをさせても仕方ないじゃないですか。むしろそんなことしたらもっと嫌な気持ちになるだろうし。そういうのってきっと父ちゃんやばあちゃんがずっと行動で示してくれていたんでしょうね。家訓どおりに。だから、みんなにも家訓を考えてほしいと思いました。赤ちゃんがどんな大人になってほしいか、どんな家族でいたいか、この機会に家訓を考えてみてください。もうすでに家訓があるところはそれを書いて、もしもないお家は、家族を想いながらオリジナルの家訓を決めてもいいと思います。造語でもいいから創ってみてくださいね。

やな思いさせられた時に、
「同じ思いをさせてやろう」と思うか、
だからこそ、
「だれにも
こんな
思いさせ
たくない」
と思うかで、
その人のその後の
人生が大きく変わると
思う。…あなたには
自分《アナタ》のためにも後者でいてほしい。
幸せになってもらいたいから。

byママ

ここに家訓をかいてね。(かぞくで大切にしていきたいこととかでもいいよ♥)

ボクが笑うのは

赤ちゃんは、やっぱり見てると思うんです。だって、ママに抱かれたら安心して眠ったり、ママの姿が見えないと泣いたりするわけじゃないですか。これってちゃんとわかってるからですよね。

だからきっと、わからないと思って適当なことをしても伝わってしまうんですよね。でもそのぶん、いいこともちゃんと伝わっているんだと思います。

赤ちゃんは、おなかの中にいるときも、生まれてすぐのときも、ぜんぶ見てるし、ぜんぶ知っている。だからパパやママが愛を込めてしていることは何ひとつとしてムダじゃない。届いてるんです。これだけは絶対に忘れないでほしいです。

ボクが笑うのは
パパとママと
いっしょにいれて
うれしいから。
ボクが笑うのは
パパとママが
がんばって
くれてるの
ぜんぶ
しってるから。

by ボク

しあわせ

この間、兄ちゃんと沖縄に行って、ものすごい綺麗な夕日をふたりでボーっと見てたんですよ。僕達はそれぞれ、その夕日を携帯のカメラで撮ったんですけど、兄ちゃんはその後、その写真を自分の彼女にメールで送ってたんです。「こんなにキレイな夕日をお前と見たかった」みたいなことを送ってたんでしょうね。それを見てて、幸せだけは分けても減らずに増えるんだなって痛感して。だったら、僕も分け合いたいな…って思って、書きました（笑）。ちなみに僕は、夕日を見た感動を共有する相手は、隣にいる兄ちゃん以外にまったく思い当たらなくて、逆に超寂しい気持ちになりましたけどね…（苦笑）。

おかしとちがって
しあわせは、
ふたりで
はんぶんに
わけても、
へらずに
むしろ
ふえるんだ。

by パーマ

キミには「おめでとう」ママには「ありがとう」

1歳になった赤ちゃんに「おめでとう」って言うそのときに、ママには「ありがとう」って言う。これってすごく大切なことですよね。1年前の同じ日に一番がんばってくれたのはママなのだから…。でも実は、この「ありがとう」と「おめでとう」を同時に言えるパパが一番幸せなのかもしれないです。そう思うと、パパにとっては子どもの誕生日が自分の記念日にもなるような気がします。それに、赤ちゃんもママも、言われてこんなに嬉しい言葉ってきっと他にないと思う。家事や育児を手伝うのももちろんだけど、やっぱり何よりもママを喜ばせてあげるのがパパの一番の仕事だと思うので、「ママががんばってるのを知ってるのは、赤ちゃんだけじゃなくてパパも一緒だよ」ってことを、特にこういう記念日には教えてあげてほしいです。ちゃんと「言葉」という形にして…。

キミの1才の
たんじょうびには、
キミには
「おめでとう」と
そして、ママには
「ありがとう」と
いうつもり。
いつもいつも
パパのことを
幸せにしてくれて
ほんとうに
ありがとうって
思いをつめこんで。

byパパ

赤ちゃんへお手紙を書いてね。

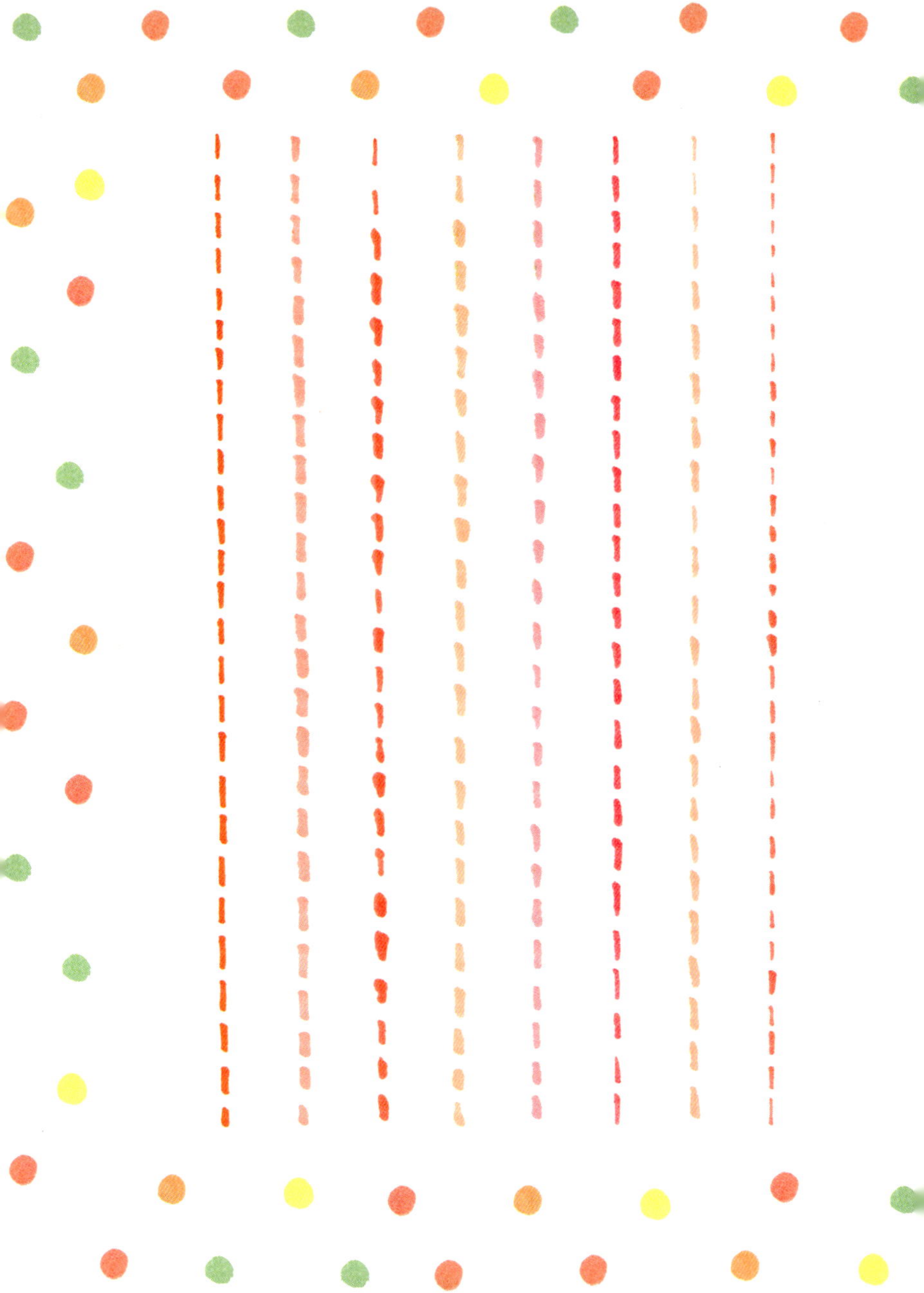

おわりに

ちょうどこの本を書いているとき、家族が一同に集まるって機会があって、兄ちゃんが、あるテレビ番組のビデオを持ってきたんですよ。「これ、みんなで一緒に観たいんだ」って。それは、中国に奥さんと娘さんを残して日本に不法滞在していた、あるお父さんを10年間にわたって追い続けた「泣きながら生きて」というドキュメントでした。兄ちゃんは、僕がこの本を書いていることなんてまったく知らずにそのビデオを持ってきたんですが、偶然にも、内容がこの本のテーマと深く関わっていて、運命的なものを感じたので、ここでちょっと詳しく書こうと思います。

そのお父さんはもともと、中国で、ひどく貧乏な生活を強《し》いられていました。そして、14年前にひとりで日本に渡ってきたんです。お父さんは学びたくても学ぶことができない中国の文化大革命の中で育ったので、日本に来て言葉を学び、そのあとは日本の大学に進学して、愛する家族とともに、人生の再出発を果たす予定でした。ところが、日本でも、結局は何にも保護してもらえませんでした。それでもお父さんは、「中国には仕事がない。僕の夢は叶わなかったけれど、娘の夢は叶えたい。そのためにも自

分は日本に残って働く」と言って、なんとか職を探して、3つの仕事を掛け持って一生懸命働きました。そして、必要最低限のほんの少しの生活費を抜いて、それ以外はすべて、奥さんと娘さんに送金していたんです。歯がボロボロと抜け落ちるような貧しい暮らしを続けながらも、自分自身には一銭の投資もせず。一緒にすごした時間より、離ればなれの時間のほうが長くて、もう顔も覚えていないくらいなのに、それでも、ひたすら家族のために、肉体と精神のギリギリのところまで使って。どんなに辛くても、人を憎んだり、恨み言を言うこともなく「仕事があるのはありがたいことだ」と言って。「奥さんと子どもに幸せになってもらいたい」「自分は若い頃夢を持つことができなかったけれど、娘には夢を叶えてもらいたい。娘の夢を叶えることが今の自分の夢だ」というその一心で…。

そんな心の持ち主のお父さんと、同じように優しいお母さんに愛されて育った娘さんは、産婦人科医になることが夢でした。そして実際に、努力してニューヨークの大学に一発で合格し、今は産婦人科で働いているとのことでした。その娘さんはまだ20歳そこそこなのに「私はお父さんとお母さんに無償で愛してもらったから、医療という現場で、子どもを産む人の手助けをしたり、病気の人を治したりすることで、その恩返しをしたい」と言っていたんです。それを見て、「あぁ、なんて素敵なんだろう」と思いました。まさに今、僕がやりたいのはこういうことなんだな…って。その娘さんが、医者になっているんな人たちを助けたいって言ってるのと同じで、僕は、家族にしてきてもらったことを作品を通して知ってもらうことで、みんなの心の痛みをほんの少しでも減らしたり、楽にすることができたら…って。

ビデオの中でお父さんが言っていた言葉で一番印象的だったのは、**「14年前は人生とは悲しいものだなと思った。けれど、今はそうは思いません。今は、人生は捨てたものじゃないと思う」**という言葉でした。こうやって娘が夢を叶えてアメリカに行って、自分ももう充分にお金を稼いだから、思い残すこともなく中国に帰れる…と。祖国に捨てられて、日本でもたらいまわしにされて、もう死ぬしかないような状況を乗り越えて、それでも負けずに生き抜き、そしてこんな言葉を発したお父さんの顔は、本当に強く、優しい愛情に満ちていました。離ればなれでも、会えなくても、苦しくても、何年も無償で家族を愛し続けた父親の姿に、僕は、涙が溢れて止まりませんでした。その表情を見て、思ったんです。「あぁオレもやらなきゃ」って。仕事があるっていうのはものすごく素敵なことだし、ありがたいことだし、今この本を作れて、僕はものすごく幸せなんだ。だからこそ、力を尽くさなくちゃいけない。僕のできることを精一杯やって、今まで受けたあらゆる愛情の恩返しをしなくちゃいけない…。今こそ僕は、僕なりの形で、「たとえ離ればなれでも、もうその人が生きていなくても、愛することはできる」ということをなんとかして伝えて、もしそういう境遇が訪れても、みんなが愛情を絶やすことなく注ぎ続けることができる、そのきっかけになれれば…と。

そんな思いを込めて、今日、ようやくこの本を書き終えました。お父さんの姿が見せてくれた「無償で人を愛する」ということの素晴らしさ。娘さんの言葉が与えてくれた、「自分にできることで愛情の恩返しをしよう」という気持ち。そのふたつを見ることができたからこそ、僕は強い気持ちを持って使命を成し遂げることができたんだと思っています。
そう思うと、兄ちゃんが持ってきた1本のビデオは、やっぱり偶然ではなく、運命だったんだな。今回ばっかりは兄ちゃんに感謝しなくちゃな（笑）…と思います。

今まさに、パパ真っ最中な人。これからパパになる人。そしてそのパパを選んだママ。パパとママに愛されているすべての人が、これからもずっとずっと愛し合い、訪れる困難に負けることなく、歩いていけるように。愛情という素晴らしい存在を、家族同士で、普通の毎日の中で、確認し合えるように。そんな願いを込めて、僕は、僕が出せるすべてのエネルギーを注ぎ込んで、この本を送り出します。どうか受け取ってください。そして、未完成なこの本をいつか完成させてください。

この本を作れて本当に幸せです。もしかしたら『いつもみてるよ。がんばってるの、しってるよ。』や、この本を作るために、自分は生まれて来たんじゃないかな？　と思うくらいです（笑）。そんな本を作らせてもらえたこと、この本を読んでもらえたこと、全部みなさんのおかげです。本当に、本当に、ありがとう。それではまた…

2007年2月14日　ナカムラミツル

ごめんね、ありがとう。

ちょうど1年前に、菜生ちゃんという女の子のお母さんから、HPを通してこんな手紙をもらいました。手紙を読んで、僕は何て言っていいのかわかりませんでした。ただひとつだけ言えたのは、「菜生ちゃんのママが僕に手紙をかいてきてくれたおかげで、僕が菜生ちゃんのことを知ることが出来、そして僕の中に菜生ちゃんという存在が刻まれた」という事実です。

菜生ちゃんは、僕の体の一部となり、僕の心の一部となり、生き続けます。そしてこれからの僕の作品に影響を与えてくれると信じてます。

みんなにも菜生ちゃんという心優しい子がいたことを知ってもらうことで、別の所にも花が咲くように。その命がけっして無駄じゃなかったって証明できるように…。いただいた実際の手紙と、僕が描いた作品を紹介しようと思います。

【菜生ちゃんのママからの実際の手紙】

初めてお便りします。326さんファンの娘達の母です。今日は娘に代わりメールをさせて頂きます。

急性混合性白血病で入院中だった下の娘から「ネットで326の新しい本が出たから頼んで」と言われ、『いつもみてるよ。がんばってるの、しってるよ。』を購入したのは3月の下旬頃だったと思います。今現在、この本に私は少し救われる気がしています。子どもは親を選んで生まれてくるんだと、この家族の元にと願ってくるんだとありました。娘の最期に選んだ本がこの本であったことがあの子らしく、私たち家族へのプレゼントであるような気がしています。

17歳の娘はこの本を途中までしか読むことが出来ませんでした。真ん中あたりにしおりを挟んだままで、母である私の腕の中で、父と姉に手を握られて娘は逝ってしまいました。何度も何度も「元気に生んであげられへんでごめんね」とつぶやいて泣き叫んでいましたが、この本を読んでからは、私たち家族を選んで、家族になることを願って娘は生まれてきたんだと思えるようになりました。今はどうやって私自身立ち直ればいいのか、淋しさや悲しみをどう乗り越えればいいのか、心が張り裂けそうな毎日です。でも、きっと、私たち家族なら病気になった自分を精一杯支えてくれる、一緒に闘ってくれる、そう思って娘は私たちのところへ来てくれたんだと思います。「ごめんね、病気治せへんで。ありがとう、みんなで楽しく暮らしてや」そう言って私より先に逝きました。私はこういう娘の母になれたことを誇りに思います。そう思えるように導いて頂いたこの本に感謝します。ありがとうございます。326さん。

あなたがさみしいと、
わたしはさみしい。
あなたが
哀しい
と、わた
しは
哀しい。
わたしの
せいで泣か
ないでね？
あなたのおか
げでわたしは、
しあわせだったんだから…。

神様からのプレゼント

「さい帯血」って知っていますか？　さい帯血とは、出産のときにお母さんの胎盤と赤ちゃんのへその緒にある血液のことです。そこには、血液を作り出す造血幹細胞が多く含まれているので、白血病などの患者さんに移植して病気を治すことができるんだそうです。

これまでも僕はＨＰなどで、さい帯血のことを話してきましたが、今回は、いただいた手紙の中に、さい帯血に命を救ってもらったというお話があったので、紹介しようと思います。

この手紙を読んで、普通なら捨てるものが、家族の命を救ったという奇跡にとても感動しました。そして、その奇跡を、もっとつないでいきたい。命の素晴らしさや赤ちゃんの素晴らしさをみんなにもう一度確認してほしい。そんな願いを込めて作品を描きました。

【ちぇりぃさんからの実際の手紙】

こんばんは。３２６サン。いつもブログ読んでます。

今日は素敵なお話を１つ。

実は約２年前、私のイトコのお兄ちゃんが白血病という病にかかってしまいました。病名もどんな病気かもご存知だと思います。まさかテレビでの話が自分の身内に起こるなんて考えたこともなく、信じられない気持ちでいっぱいで、けれど両親や親戚の顔を見れば信じるしかないという現実。私はまだ未成年で本当にテレビなどでしか得た知識しかなく、混乱してしまうだろうということで両親は病気の進行具合などははっきりとした結果が出るまでは教えてくれませんでした。そのままどうなるかもわからないまま２年の月日が流れていました。そして今日。別のイトコの結婚式にて元気になったお兄ちゃんがいました。私はびっくり。両親はにっこりと『治ったんだよ。完全にとは言わないけどね。』と。そして何で治ったかを簡単に説明してくれました。私も信じられなかった事実。そのお兄ちゃんは病気になってから約１年後に生まれた姉の息子(自分の甥っ子)のへその緒で助かったのです。偶然というか運命というか。新たな命が１人の命を救ったというこの奇跡。命って本当に尊くてはかなくて、大切にしなきゃと心から感じた１日でした。

うまく説明できないけど、病気っていつ起こるかわかんないし、いつも人間は死と直面しているものなんだと、だから毎日を幸せに大切に過ごそうと、そう思ったら３２６サンに話したくなりました。これからもズット応援しています。アリガトウゴザイマス★でゎ(*^o^*)

元々「緒」には、命という意味や魂をつなぐもの、
という意味があるのだそうです。
私とあなたのまん中で、いのちをつないで
くれていた「緒」は、その役目を終えたあと、
はなれゆく定めにあった愛する者の魂を、
もういちどつなぎとめてくれました。

すばらしい出会いを、もしも奇跡と呼ぶのなら、

その出会いは、あきらめなかった
人たちへの
神様からのプレゼント
それを運んできてくれた
あなたは、まぎれもなく天使。

・・・・・　ナ カ ム ラ ミ ツ ル の 本　・・・・・

・・・・・ ナ カ ム ラ ミ ツ ル の 本 ・・・・・

金メダリストの北島康介さんも絶賛！

12dogs

（トゥエルブドッグス）

大人気アーティストの326が贈るメッセージ集。
おとめ座のパピヨン、みずがめ座のハスキーなど…
12星座をモチーフにしたコミカルな12種類の犬たちが、
恋愛や自分の将来、友人関係に悩む人たちへ、
ココロ温まるメッセージをお届けします。

著：ナカムラミツル　発行：Think D 出版　発売：サンクチュアリ出版　定価：950円（税込）

NHKみんなのうたで大反響！

みんなのうみ

こどもたちへ、
もういちど語り継ぎたい「名作」。

世代を超えて愛され続けている童謡「海」を原作に、TUBEの前田亘輝が新たに詞を書き下ろし、ポップアーティストの326のイラストとともに、心にしみ入る絵本に生まれ変わりました。 親子いっしょに、ぜひ読んで欲しい絵本です。

文：前田 亘輝（TUBE）林 柳波（童謡「海」作詞）　絵：なかむら みつる（326）
発行・発売：サンクチュアリ出版　定価：1470円（税込）

大切な人にお手紙を書いてね。

パパとママをえらんで、ボクはうまれてきたんだよ。
2007年3月14日　初版発行
2022年5月11日　第十二刷発行

著者　ナカムラミツル

装丁・デザイン　松本えつを

発行者　道下裕史

発行　株式会社シンク・ディー（Think D 出版）
〒151-0066 東京都渋谷区西原 1-28-6 第8岩田ビル A-602
TEL 03-5358-3211 ／ FAX 03-5358-3212

発売　株式会社サンクチュアリ・パブリッシング（サンクチュアリ出版）
〒113-0023 東京都文京区向丘 2-14-9
TEL 03-5834-2507 ／ FAX 03-5834-2508

印刷・製本　中央精版印刷株式会社

PRINTED IN JAPAN
ISBN コードはカバーに記載しております。
落丁本・乱丁本は送料小社負担にてお取替えいたします。